NOTICE

SUR

M. LE DOCTEUR

PINEL-GRANDCHAMP

Médecin du Bureau de Bienfaisance du douzième arrondissement,
Chirurgien de la Société Philanthropique.

Publiée dans les *Archives des Hommes du jour*,

Revue mensuelle, historique et nécrologique,

PAR MM. TISSERON ET DE QUINCY.

Entreprendre d'esquisser la carrière de M. le docteur Pinel-Grandchamp, c'est ne rapporter que des faits honorables, soit que ces faits attestent du mérite, ou qu'ils peignent un noble caractère. Il est né à Paris, en 1798, d'une famille distinguée, dans le sein de laquelle son enfance ne fut nourrie que de dignes exemples. Il se prépara, par de bonnes études classiques, à celle de la médecine. S'il choisit cette carrière, ce fut surtout pour obéir au besoin qu'il éprouva de bonne heure, de rendre sa vie utile à la société. Il y fit de tels progrès, qu'il concourut avec le plus grand succès pour l'internat des hôpitaux. Parmi les maîtres qui faisaient alors la gloire de l'École de Paris, il y en eut un (l'illustre Chaussier), qui se plut à cultiver ses heureuses dispositions, et dont il reconnut les soins paternels par une affection et un respect sans bornes. Son maître n'est plus; mais il ne cesse d'honorer et de chérir sa mémoire.

Ce fut en 1826, que M. Pinel-Grandchamp fut reçu docteur en médecine.

Dès le principe, sans négliger aucune des nombreuses branches de l'art, il pratiqua particulièrement la chirurgie. Il y a souvent été heureux, parce qu'il y apporte les qualités qu'elle exige : de profondes connaissances en anatomie, une main sûre et prompte, du sang-froid et de la circonspection.

Le docteur Pinel-Grandchamp a pratiqué deux fois avec bonheur l'ablation de deux goîtres volumineux : le premier complètement charnu, et le deuxième enkysté et dans lequel MM. les docteurs Delanglard et Sellier avaient injecté, à diverses reprises, plus de 500 grammes de teinture d'iode. Les insuccès de plusieurs chirurgiens des hôpitaux de Paris, ont fait, dit M. Pinel, rejeter d'une manière trop absolue de la pratique de la chirurgie cette opération difficile, il est vrai, mais qui peut sauver la vie à beaucoup de malheureux, considérés comme incurables. Dans une quinzaine de cas variés, il pratiqua, à l'instar de quelques chirurgiens allemands et avec nn entier succès, l'ablation de tumeurs érectiles si développées, que de très habiles chirurgiens avaient refusé de les attaquer par le bistouri et avaient eu recours, infructueusement, à d'autres méthodes de traitement pour en délivrer les malades.

Enhardi par la réussite, au moins temporaire, de quelques opérations périlleuses de cancers, il pratiqua, il y a cinq ans, sur un nommé Dupuis, valet de chambre chez monseigneu de Quelen, l'ablation de la presque totalité de la région inguinale gauche atteinte de cancer ulcéré et réputé inopérable par trois des chirurgiens les plus distingués et les plus hardis de l'Allemagne, et par quelques uns des chirurgiens des hôpitaux de Paris. Ce malade, qu'il a montré avant et après l'opération à la Société médicale du douzième arrondissement de Paris et à MM. les docteurs Textor et H. Larrey, jouit aujourd'hui d'une santé parfaite et ne souffre d'aucune incommodité résultant de l'enlèvement d'une partie aussi considérable d'une région où cette opération offrait les plus grands dangers.

M. Pinel a lié plusieurs fois les artères les plus volumineuses du corps, et a été assez heureux, après cette opération sur la carotide primitive droite et sur la crarale, pour n'avoir à déplorer aucun accident fâcheux. Il a retranché, dans quelques cas, une partie de la mâchoire inférieure et deux fois la totalité de la mâchoire supérieure. Ces deux dernières opérations ont été faites très rapidement par suite de modifications apportées au procédé opératoire si remarquable, décrit et exécuté pour la première fois par un des plus habiles chirurgiens de notre temps, M. le docteur Gensoul, de Lyon.

M. Pinel a obtenu des guérisons sans difformités dans divers cas d'écrasement ou de broiement des membres par des roues d'engrenage, de voitures ou des corps extrêmement pesants.

Le moyen qu'il a employé de concert avec la saignée, l'opium, le régime, etc., moyen qu'il propose comme applicable à presque tous les cas, ce sont les irrigations ou immersions des parties broyées dans de l'eau courante tiède. Il a observé que l'eau, légèrement échauffée, empêchait le développement des accidens inflammatoires ou au moins les modérait et faisait cesser la douleur. Il préfère, dans tous les cas, l'eau un peu chaude à celle qui est froide et surtout à celle qui est glacée et qui, dans de mauvaises conditions de la partie blessée ou de l'état général du malade, éteindrait rapidement la vie des tissus, frappés de stupeur, meurtris ou déchirés, et qui conservent à peine un reste d'innervation et de circulation.

M. Pinel regarde, dans ces circonstances, comme d'une haute importance la position que l'on doit donner au malade et au membre écrasé : il emploie souvent, dans ces cas, les appareils ingénieux du docteur Mayor, de Lausanne, et qui sont si faciles à modifier.

Dans ces accidens dangereux, M. Pinel a appliqué à la chirurgie un moyen que son maître et ami, M. Esquirol, employait avec beaucoup d'avantage dans les cas d'aliénation mentale, en disant que l'eau administrée de diverses manières et à des températures variées suivant les indications, soit en bains très prolongés, irrigations sur la tête, boissons, etc., lui avait toujours paru le meilleur modificateur de l'irritabilité nerveuse et un puissant antiphlogistique.

Parmi les faits chirurgicaux qui l'honorent, M. Pinel compte de nombreuses amputations et résections, hernies étranglées, réductions de luxations, entr'autres deux de l'articulation coxo fémorale, trois rhinoplasties, un grand nombre d'opérations de cataractes par l'extraction qu'il préfère au déplacement du cristallin, des opérations de pupilles artificielles, de trachéotomie, de cathéterisme forcé qu'il emploie avec succès dans bien des circonstances où ses confrères croiraient devoir rejeter ce moyen si utile, si rapide et si souvent mal employé, mais qui n'en restera pas moins un titre de gloire pour le docteur Mayor qui l'a érigé en méthode de traitement.

M. Pinel est connu comme habile accoucheur. Il a souvent été appelé par ses confrères dans les cas les plus difficiles. Déjà, en 1826, la thèse de chirurgie, qu'il soutint à l'École, indiquait les recherches auxquelles il s'était livré à ce sujet, et les expériences réitérées qu'il avait faites sur les animaux vivants pour assurer le succès de l'opération césarienne.

Appelé par le docteur Hourmann, médecin de l'hôpital de l'Oursine, pour une jeune femme dont le bassin ne présentait pas trois pouces (diamètre sacro-pubien), enceinte pour la première fois et dans les douleurs de l'enfantement depuis trois jours, il parvint, au moyen d'une application de forceps, à délivrer cette malheureuse femme sans la blesser.

L'enfant, mort depuis un ou deux jours, n'eût pu être amené vivant, si l'opération avait été pratiquée plus tôt, parce que la pression violente du forceps nécessaire à l'extraction de la tête eût anéanti la vie en lésant profondément le cerveau ou la moelle épinière.

Les recommandations les plus pressantes furent adressées à la malade, afin qu'elle ne s'exposât pas à faire un second enfant qu'elle n'avait aucune chance d'amener vivant, une semblable opération pouvant lui faire courir à elle-même de grands dangers. Cette femme étant redevenue enceinte un an après et s'étant de nouveau adressée au docteur Pinel-Grandchamp, celui-ci entreprit de la sauver ainsi que son enfant, en ayant recours à un accouchement forcé qu'il pratiqua au septième mois de la grossesse.

L'emploi de la saignée, des antispasmodiques, des bains généraux prolongés, et l'application d'éponges préparées, introduites et laissées dans le col de l'utérus, facilitèrent la dilatation de cette partie, non sans déterminer de fièvre, une agitation convulsive et de vives douleurs supportées avec une résignation que le désir de devenir mère pouvait seul expliquer.

Après huit ou dix jours de ces préparations, le forceps fut appliqué en présence du docteur Ismaël, et M. Pinel amena un enfant vivant du sexe féminin, et qui depuis s'est parfaitement développé.

La mère n'a pas tardé à se rétablir. M. Pinel développa à la Société de médecine du douzième arrondissement ses idées sur la nécessité de recourir, dans quelques cas de viciation du bassin, à l'accouchement forcé, et il ne doute pas, malgré les préventions qui l'ont fait rejeter en France, qu'elle ne doive être mise quelquefois en pratique, pour éviter l'opération césarienne, si souvent fatale pour la mère, et qui est loin d'assurer la vie de l'enfant, surtout si elle est pratiquée comme elle l'est habituellement, quand la malheureuse mère a été déjà épuisée par de longues et inutiles douleurs.

M. Pinel a souvent eu pour témoins dans ces opérations importantes, les plus habiles chirurgiens de France ou de l'étranger : MM. Bégin, Baudens, Bérard, Gensoul, Larrey, Lenoir, Lisfranc, Michon, Robert, Sedillot, etc.; Diffenbach, Hysern, Mayor, Philippe, Textor, etc. M. Pinel a pu constater parmi les indigents les immenses avantages qui résultent du traitement des malades au sein de leurs familles. Il a démontré que, pour les opérations graves de la chirurgie, ils n'étaient pas moins fréquents que pour la plupart des opérations qui sont essentiellement du ressort de la médecine.

Les rapports imprimés des bureaux de bienfaisance depuis 1837 jusqu'à ce jour, attestent que les opérations les plus dangereuses ont été pratiquées avec un succès si constant, que jamais pareils résultats n'avaient été obtenus dans aucun hôpital.

Le conseil d'administration des hôpitaux, mieux renseigné, comprendra peut-être un jour la nécessité d'augmenter les asiles des vieillards infirmes et indigens, qui ne peuvent plus par leur travail se procurer l'argent nécessaire à leur subsistance, et de diminuer le nombre des hôpitaux destinés à des adultes qui, la plupart, pourraient se faire traiter chez eux, à peu de frais et avec plus de chance de succès. En effet, il existe bien des causes qui expliquent le peu de réussite dans les hôpitaux du traitement des maladies chirurgicales et médicales. Il suffit d'en examiner quelques unes pour n'avoir plus de doute à cet égard : 1° l'influence de l'air vicié des salles pendant la nuit; 2° la privation des consolations et des soins donnés à chaque instant aux malades par leurs parents ou par les personnes qui s'intéressent à eux et dont le bon effet dans les cas graves est si incontestable; 3° les influences morales tristes, l'espèce de nostalgie que l'on remarque souvent chez des prisonniers et qui rend graves et interminables des affections que l'on eût pu guérir plus facilement et plus vite au sein de la famille; 4° l'effroi, la terreur qui s'emparent de quelques malades à la vue de scènes pénibles qu'il n'est pas possible de leur dérober; ces impressions sont si vives et si funestes, surtout chez les femmes enceintes et nouvellement accouchées, qu'elles ont souvent causé des *mortalités incroyables*, qui ont obligé les médecins et les directeurs à fermer, pendant quelque temps, les hôpitaux et à ne les rouvrir que lorsque ce sentiment de terreur panique était dissipé. Cela est si vrai, que les mêmes femmes atteintes de la maladie qui les décimait à l'hôpital, guérissaient presque toutes étant traitées au dehors. Telles sont les vues et les idées exprimées depuis longtemps par le docteur Pinel-Grandchamp, et qu'il n'a cessé d'appuyer par un très grand nombre d'exemples. Il a publié plusieurs mémoires :

Le premier, en 1823, avec le docteur Foville, sur l'*apoplexie* et sur le *siège de la sensibilité et du mouvement.*

Le deuxième, sur la *Suture des plaies de la vessie* (dans le *Censeur médical*, février 1834).

Le troisième, sur les *hémorrhagies utérines* qui se manifestent dans les derniers temps de la gestation ou après l'accouchement (*Censeur médical*, avril 1834).

Il n'est pas étonnant qu'un tel praticien se soit fait une réputation au delà des limites de son arrondissement.

Ce qui, sans doute, a aussi contribué à en faire l'un de nos praticiens les plus répandus et les plus estimés, c'est son ardente et infatigable sollicitude pour les classes pauvres; sollicitude qu'il déploya particulièrement à l'époque du choléra, et qu'il déploie chaque jour, depuis longtemps, dans les fonctions de médecin du bureau de bienfaisance du douzième arrondissement et de la Société philanthropique. Et ce ne sont pas seulement les secours de son art qu'il prodigue aux pauvres. Combien d'entr'eux ont obtenu de lui les moyens de se procurer les médicamens dont ils avaient besoin ! Ce noble dévoûment au malheur n'a encore reçu, que nous sachions, aucune des distinctions dont dispose l'autorité ; mais qu'importent à un homme de cœur comme lui les faveurs de ce monde ? Sa plus douce récompense est dans le sentiment du bien qu'il fait, et les plus beaux titres d'honneur, dans les lettres, dictées par la reconnaissance, que lui adressent les malheureux sauvés par son art ou sa bourse.

T. ET DE QUINCY.

FIN.

Imprimerie de Mme DE LACOMBE, rue d'Enghien, 12.

www.ingramcontent.com/pod-product-compliance
Lightning Source LLC
LaVergne TN
LVHW012023170826
845678LV00004BA/1609

9782329620732